Conrad K. Butler

Baumaschinen
FÜR KINDER

Gelenkkipper

Es ist ein sehr großer und schwerer Kipper, der für den Transport von Lasten in schwierigem Gelände und gelegentlich verwendet wird auf öffentlichen Straßen.

Asphaltfertiger

Es ist eine Maschine zum Verteilen, Formen und teilweisen Verdichten einer Asphaltschicht auf einer Straße, einem Parkplatz oder anderen Bereichen.

Baggerlader

kombiniert zwei beliebte Funktionen von schwerem Gerät: Graben und Bewegen. Auf der einen Seite befindet sich eine Ladeschaufel zum Schieben, Heben und Bewegen von Materialien und auf der anderen Seite ein Bagger zum einfachen Graben.

Auslegerlift

eine Art Hubkorb, mit dem Sie sowohl horizontal als auch vertikal erreichen können. Auslegerarme machen es einfacher als je zuvor, an enge Stellen zu gelangen und Höhen zu erreichen.

Bulldozer

Es ist eine große motorisierte Maschine, die vorne mit einer Metallklinge ausgestattet ist, um Materialien wie Sand, Schnee, Schutt oder Steine während der Bauarbeiten zu schieben.

Ladekran

Sie sind zum Heben von Material gebaut, das einen kompakten, flachen Kran benötigt. Da Carry-Deckkrane klein sind, sind sie ideal, wenn es darum geht, auf engstem Raum oder um Hindernisse herum zu arbeiten.

Kaltfräse

ist eine Baumaschine zum Entfernen von Bitumen- oder Asphaltbeton von Straßen, wodurch eine leicht raue und ebene Oberfläche entsteht, auf der eine neue Asphaltschicht aufgetragen werden kann.

Kompakter Laderaupe

Sie sind im Wesentlichen Kompaktlader mit Gummiketten mit hoher Flotation, die es diesen Erdbewegungsmaschinen ermöglichen, in schlechten Bodenverhältnissen und auf empfindlichen Oberflächen zu arbeiten.

Walze

es ist ein fahrzeug zum verdichten von erdreich, kies, beton oder asphalt im straßen- und grundbau. Ähnliche Walzen werden auch in Deponien oder in der Landwirtschaft eingesetzt.

Bagger

eine Erdbewegungsmaschine zum Trennen von Bauschutt vom Boden und dessen Überführung mittels Transportmittel oder zu einer Mülldeponie. Der Bulldozer kann auch als Nachladegerät fungieren.

Fäller Bündler

eine Art Erntemaschine, die beim Holzeinschlag verwendet wird. Es ist ein motorisiertes Fahrzeug mit einem Anbaugerät, das einen Baum schnell sammeln und fällen kann, bevor er gefällt wird.

Gabelstapler

Es handelt sich um ein kleines Industriefahrzeug, an dem vorne eine elektrisch betriebene Gabelplattform angebracht ist, die angehoben und abgesenkt werden kann, um sie zum Heben oder Bewegen unter eine Last zu schieben.

Forwarder

ein Schlepper zum Schleppen von Kurzholz (Stämme und Walzen), das in der Forstwirtschaft verwendet wird. Es ist eine selbstladende Maschine. Das Holz wird mit Hilfe eines Krans in die Maschine geladen und kommt beim Verschieben nicht mit dem Boden in Berührung.

Holzvollernter

Es ist eine multifunktionale Maschine. Es ist derzeit eine der technologisch fortschrittlichsten Holzerntemaschinen. Die Maschinen fixieren die Bäume, fällen sie und können die Stämme entasten und für den Abtransport mit dem Forwarder ablegen. Werden gleichzeitig noch die Äste zu Hackschnitzeln zerkleinert.

Teleskoplader

Als eine Art rotierender Ausrüstung haben Gelenkauslegerlader einen Ausleger, der strategisch für den Holzumschlag entwickelt wurde.

Motor-Grader

Erdbewegungsmaschine, die hauptsächlich zum Profilieren des Bodens unter der Oberfläche von Straßen, Flughäfen, Gräben und Straßenrändern sowie zum Einebnen von Böschungen verwendet wird. Sie werden auch zum Mischen von Straßenmaterialien, zum Entfernen alter Oberflächen und zum Einebnen der Feldoberfläche verwendet.

Scherenarbeitsbühne

eine Arbeitsplattform, die sich nur in der vertikalen Ebene bewegen kann, auf der Personal, Geräte und Materialien zur Durchführung von Arbeiten angehoben werden können.

Kompaktlader

Es ist eine kleine, starre, motorgetriebene Maschine mit Hubarmen, die an einer Vielzahl von Schaufeln und anderen wartungsarmen Arbeitsgeräten oder Anbaugeräten befestigt werden kann.

Skidder

Es ist eine schwere Maschine, die gefällte Bäume aus einem Wald entfernt. Heutzutage haben fast alle Versionen des Skidders Hochleistungsreifen oder Ketten und können eine größere Anzahl von Bäumen bewegen.

Teleskoplader

Sie sind vielseitige Maschinen, die Material heben, bewegen und platzieren. Auf diesen Baustellen sind Arbeitspferde oft die ersten Maschinen im Einsatz und die letzten, die sie verlassen, weil sie für so viele verschiedene Anwendungen eingesetzt werden können.

Grabenfräse

Sie sind wie ein Bulldozer, da sie demselben Zweck dienen, Erde und Gestein aufzubrechen und aus dem Boden zu ziehen. Im Gegensatz zu Bulldozern können Grabenfräsen jedoch den Boden in einer kontinuierlichen Bewegung entfernen.

Radtraktor-Schaber

Es ist eine Art schweres Erdbewegungsgerät. Es hat eine Schale/Trichter zum Laden und Transportieren von Material. Es wird am häufigsten bei Erdarbeiten an Straßeninvestitionen verwendet.

auch prüfen:

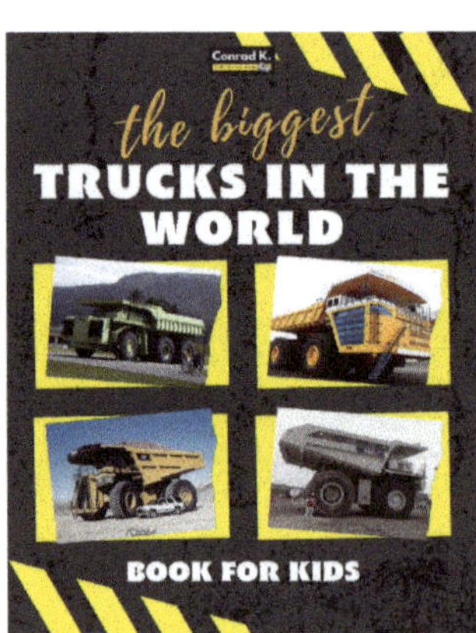

und vieles mehr!